DISCOURS

COURONNÉ

PAR LA SOCIÉTÉ ROYALE

DES ARTS ET DES SCIENCES DE METZ,

Sur les Questions suivantes, proposées pour sujet du Prix de l'année 1784.

1°. Quelle est l'origine de l'opinion, qui étend sur tous les Individus d'une même Famille, une partie de la honte attachée aux peines infamantes que subit un coupable ?

2°. Cette opinion est-elle plus nuisible qu'utile ?

3°. Dans le cas où l'on se décideroit pour l'affirmative, quels seroient les moyens de parer aux inconvéniens qui en résultent ?

Par M. DE ROBESPIERRE, Avoc. en Parlement.

Quod genus hoc Hominum ? Quæve hunc tam barbara morem,
Permittit Patria ?

VIRG. Æn.

A AMSTERDAM,

Chez J. G. MERIGOT, jeune, Libraire, quai des Augustins.

M. DCC. LXXXV.

DISCOURS

COURONNÉ

PAR LA SOCIÉTÉ ROYALE

DES ARTS ET DES SCIENCES DE METZ,

Sur les Questions suivantes, proposées pour sujet du Prix de l'année 1784.

1°. *Quelle est l'origine de l'opinion, qui étend sur tous les Individus d'une même Famille, une partie de la honte attachée aux peines infamantes que subit un coupable ?*

2°. *Cette opinion est-elle plus nuisible qu'utile ?*

3°. *Dans le cas où l'on se décideroit pour l'affirmative, quels seroient les moyens de parer aux inconvéniens qui en résultent ?*

Messieurs,

C'est un sublime spectacle de voir les Compagnies savantes, sans cesse occupées d'objets utiles au bien public, inviter le génie

par l'appât des plus flatteufes récompenfes, à
frapper fur les préjugés qui troublent le bonheur de la Société.

Cette opinion impérieufe, qui voue à l'infamie les parens des malheureux qui ont encouru
l'animadverfion des loix, fembloit avoir échapé
jufqu'ici à leur attention. Vous avez eu la gloire, Meffieurs, de tourner les premiers vers cet
objet intéreffant, les talens de ceux qui afpirent
aux Couronnes académiques. Un fujet fi grand a
éveillé l'attention du public; il a allumé parmi
les gens de lettres une noble émulation. Heureux ceux qui ont reçu de la nature le génie
néceffaire pour le traiter d'une maniere qui
réponde à fon importance, & qui foit digne
de la Société célebre qui l'a propofé! Je fuis loin
de trouver en moi ces grandes reffources ; mais
je n'en ai pas moins ofé vous préfenter mon
tribut : c'eft le défir d'être utile; c'eft l'amour
de l'humanité qui vous l'offre ; il ne fauroit être
tout à fait indigne de vous.

PREMIERE PARTIE.

LA premiere des trois Queftions que j'ai à
difcuter, pourra paroître au premier coup-
d'œil, offrir des difficultés infurmontables.

Comment découvrir l'origine d'une opinion
qui remonte aux fiecles les plus reculés ? Com-

ment démêler les rapports imperceptibles, par lesquels un préjugé peut tenir à mille circonstances inconnues, à mille causes impénétrables? S'engager dans une pareille discussion, n'est-ce pas d'ailleurs s'exposer à rendre raison de ce qui n'est peut-être que l'ouvrage du hasard? N'est-ce pas vouloir chercher des regles au caprice & des motifs à la bizarrerie?

Telles sont, Messieurs, les idées qui se présenterent d'abord à mon esprit; mais j'ai réfléchi qu'en proposant cette question, vous aviez jugé par-là même qu'elle n'étoit pas impossible à résoudre : votre autorité m'a séduit, & j'ai osé entreprendre cette tâche.

Il m'a semblé d'abord qu'une observation très-simple me découvroit les premieres traces du préjugé dont je parle.

Quoique les bonnes & les mauvaises actions soient personnelles, j'ai cru remarquer que les hommes étoient par-tout naturellement enclins à étendre en quelque sorte le mérite ou les fautes d'un individu, à ceux qui lui sont unis par des liens étroits. Il semble que les sentimens d'amour & d'admiration que la vertu nous inspire, se répandent jusqu'à un certain point sur tout ce qui tient à elle; tandis que le mépris & l'indignation qui suivent le vice, rejaillissent en partie sur ceux qui ont quelques rapports avec lui.

Tous les jours on dit de cet homme, qu'il
eſt l'honneur de ſa famille ; & de cet autre,
qu'il en eſt la honte. On applique même cette
idée à des liaiſons plus générales, & par con-
ſéquent plus foibles. On intéreſſe quelquefois,
pour ainſi dire, à la conduite d'un particulier la
gloire d'une Nation ; que dis-je ? celle de l'humanité entiere. N'appelle-t-on pas un Trajan,
un Antonin, l'honneur de l'eſpece humaine ? Ne
dit-on pas d'un Néron , d'un Caligula , qu'il
en eſt l'opprobre ?

Ces manieres de s'exprimer ſont de toutes les
langues, de tous les tems & de tous les pays ;
elles annoncent un ſentiment commun à tous
les peuples ; & c'eſt dans cette diſpoſition natu-
relle que je trouve le premier germe de l'opinion dont je cherche l'origine. Modifiée chez
les différens peuples par des circonſtances dif-
férentes, elle a acquis plus ou moins d'empire ;
ici, elle eſt reſtée dans les bornes que lui pref-
crivoient la nature & la raiſon ; là , elle a
prévalu ſur les principes de la juſtice & de
l'humanité ; elle a enfanté ce préjugé terrible,
qui flétrit une famille entiere pour le crime
d'un ſeul, & ravit l'honneur à l'innocence
même.

Vouloir expliquer en détail toutes les raiſons
particulieres qui ont pu influer ſur ſes progrès,

èe feroit un projet auffi immenfe que chimé-
rique ; je me bornerai dans cette recherche à
l'examen dés caufes générales.

La plus puiffante de toutes me paroît être la
nature du Gouvernement.

Dans les Etats defpotiques, la loi n'eft autre
chofe que la volonté du Prince ; les peines &
les récompenfes femblent être plutôt les fignes
de fa colere ou de fa bienveillance , que les
fuites du crime ou de la vertu. Lorfqu'il punit ,
fa juftice même reffemble toujours à la violence & à l'oppreffion.

Ce n'eft point la loi, inexorable, incorrup-
tible ; mais fage, jufte, équitable, qui procede
au jugement des accufés avec l'appareil de ces
formes falutaires, qui atteftent fon refpect pour
l'honneur & pour la vie des hommes, qui ne
dévoue un citoyen au fupplice, que lorfqu'elle
y eft forcée par l'évidence des preuves ; mais
qui par cette raifon même, imprime toujours
à celui qu'elle condamne une flétriffure inef-
façable.

C'eft un pouvoir irréfiftible, qui frappe fans
difcernement & fans regle ; c'eft la foudre qui
tombe , brife , écrafe tout ce qu'elle rencon-
tre ; dans un pareil Gouvernement la honte
attachée au fupplice eft trop foible, pour rejail-
lir jufques fur la famille de celui qui l'a fubi.

D'ailleurs ce préjugé suppose des idées d'honneur poussées jusqu'au rafinement. Mais qu'est-ce que l'honneur dans les Etats despotiques ? On sait qu'il est tellement inconnu dans ces contrées, que dans quelques-unes, en Perse par exemple, la langue n'a pas même de mot pour exprimer cette idée. Eh ! comment des ames dégradées par l'esclavage pourroient-elles outrer la délicatesse en ce genre ? Au reste, ces raisonnemens sont justifiés par l'expérience, puisque non-seulement en Perse, mais en Turquie, à la Chine, au Japon, & chez les autres peuples soumis au despotisme, on ne trouve aucune trace de l'opinion dont il s'agit ici.

Ce n'est pas non plus dans les véritables Républiques qu'elle exercera sa tyrannie.

Là, l'état d'un citoyen est un objet trop important, pour être abandonné à la discrétion d'autrui. Chaque particulier ayant part au gouvernement, étant membre de la souveraineté, ne peut être dépouillé de cette auguste prérogative par la faute d'un autre ; & tant qu'il la conserve, l'intérêt & la dignité de l'Etat ne souffrent pas qu'il soit flétri si légèrement par les préjugés. La liberté républicaine se révolteroit contre ce despotisme de l'opinion : loin de permettre à l'honneur de sacrifier à ses fantaisies les droits des citoyens, elle l'oblige de les foumettre à la force des Loix, & à l'influence des mœurs qui les protegent.

D'ailleurs chez des peuples où la carriere de la gloire & des dignités eft toujours ouverte aux talens, la facilité de faire oublier des crimes qui nous font étrangers, par des actions éclatantes qui nous font propres, ne laiffe point lieu au genre de flétriffure dont je parle; l'habitude de voir des hommes illuftres dans les parens d'un coupable, fuffiroit feule pour anéantir ce préjugé.

On pourroit ajouter une autre raifon, qui tient au principe fondamental de l'efpece de Gouvernement dont je parle. Le reffort effentiel des Républiques eft la vertu, comme l'a prouvé l'Auteur de l'Efprit des Loix, c'eft-à-dire la vertu politique, qui n'eft autre chofe que l'amour des Loix & de la Patrie ; leur conftitution même exige que tous les intérêts particuliers, toutes les liaifons perfonnelles, cèdent fans ceffe au bien général. Chaque citoyen faifant partie de la Souveraineté, comme je l'ai déjà dit, il eft obligé à ce titre de veiller à la fûreté de la Patrie, dont les droits font remis entre fes mains : il ne doit pas épargner même le coupable le plus cher, quand le falut de la République demande fa punition. Mais

comment pourroit-il obferver ce pénible devoir,
fi le déshonneur devoit être le prix de fa fidélité à le remplir ? Soumettez *Brutus* à cette
terrible épreuve, croyez-vous qu'il aura le
trifte courage de cimenter la liberté romaine
par le fang de deux Fils criminels ? non : une
grande ame peut immoler à l'Etat la fortune, la
vie, la nature même, mais jamais l'honneur.

Ici j'ai encore l'avantage de voir que mon
fyftême n'eft pas démenti par les faits. Un
coup - d'œil jetté fur l'Hiftoire des anciennes
Républiques, fuffit pour me convaincre que le
préjugé dont je parle en étoit banni.

A Rome, par exemple, le Décemvir *Appius
Claudius*, convaincu d'avoir opprimé la liberté
publique, fouillé du fang innocent de Virginie,
meurt dans la prifon, d'où il alloit fortir pour
fubir la peine dûe à tant de forfaits. La famille
de *Claudius* fut-elle déshonorée ? Non : immé-
diatement après fa mort, je vois *Caïas Claudius*
fon oncle, briller encore aux premiers rangs
des citoyens, foutenir avec hauteur les prérogatives du Sénat, s'élever contre les entreprifes
des Tribuns, avec cette fierté héréditaire que
fes ancêtres avoient toujours déployée dans les
affaires publiques. Ce qui me paroît fur - tout
caractérifer l'efprit de la Nation, relativement
à l'objet dont il eft ici queftion, c'eft que dans

les difcours que les Hiftoriens de la République prêtent à *Claudius* dans ces occafions , ce Romain ne craint pas de rappeller au peuple le fouvenir de ces mêmes Décemvirs, dont fon neveu avoit été le Chef. Il y a plus ; je vois le fils même de cet Appius , gouverner en qualité de Tribun militaire la République , dont fon pere avoit été l'oppreffeur & la victime.

La punition des autres Décemvirs, ne ferma pas non plus le chemin des honneurs à leurs familles. A peine le peuple a-t-il condamné *Duillius* , qu'il choifit pour Tribun un citoyen de fon fang & de fon nom. Les jugemens qui flétrirent *Fabius Vibulanus* , *Marcus Servilius* & *M. Cornelius* , ne précedent que de quelques années l'élévation de leurs proches au Tribunal militaire & au Confulat.

M. Manlius accufé d'avoir confpiré contre la République , eft condamné à être précipité du haut de la roche Tarpeïenne : quatorze ou quinze ans après fon fupplice, les Romains déferent à *Publius Manlius* , l'un de fes proches parens , avec le titre de Dictateur , la puiffance la plus abfolue à laquelle un citoyen puiffe afpirer.

Je né finirois pas , fi je voulois épuifer les exemples de ce genre que l'Hiftoire me préfente.

Je me contenterai de rappeller encore celui
d'une Nation voifine , dont les mœurs font
une nouvelle preuve de mon fyftéme : tout le
monde fait que l'Angleterre , qui , malgré le
nom de Monarchie , n'en eft pas moins une
véritable République, a fécoué le joug de l'opinion qui fait l'objet de nos recherches.

Quels font donc les lieux où elle domine?
Ce font les Monarchies : c'eft-là que fecondée
par la nature du Gouvernement, foutenue par
les mœurs , nourrie par l'efprit général , elle
femble établir fon empire fur une bafe iné-
branlable.

L'honneur, comme on l'a fouvent remar-
qué , l'honneur eft l'ame du Gouvernement
monarchique; non pas cet honneur philofophique , qui n'eft autre chofe que le fentiment
exquis qu'une ame noble & pure a de fa propre
dignité, qui a la raifon pour bafe, & fe con-
fond avec le devoir, qui exifteroit même loin
des regards des hommes, fans autre témoin
que le ciel, & fans autre juge que la confcience;
mais cet honneur politique, dont la nature eft
d'afpirer aux préférences & aux diftinctions,
qui fait que l'on ne fe contente pas d'être
eftimable, mais que l'on veut fur - tout être
eftimé; plus jaloux de mettre dans fa conduite
de la grandeur que de la juftice, de l'éclat &

de la dignité que la raison ; cet honneur qui
tient plus à la vanité qu'à la vertu, mais qui
dans l'ordre politique supplée à la vertu même,
puisque par le plus simple de tous les ressorts,
il force les citoyens à marcher vers le bien
public , lorsqu'ils ne pensent aller qu'au but
de leurs passions particulieres ; cet honneur
enfin souvent aussi bizarre dans ses loix que
grand dans ses effets , qui produit tant de sentimens sublimes & tant d'absurdes préjugés ,
tant de traits héroïques & tant d'actions extra-
vagantes ; qui se pique ordinairement de res-
pecter les loix, & quelquefois aussi se fait un
devoir de les enfreindre ; qui prescrit impé-
rieusement l'obéissance aux volontés du Prince,
& cependant permet de refuser ses services à
quiconque se croit blessé par une injuste pré-
férence ; qui ordonne en même tems de traiter
avec générosité les ennemis de la Patrie , &
de laver un affront dans le sang du citoyen.

Ne cherchons point ailleurs que dans ce
sentiment, tel que nous venons de le peindre,
la source du préjugé dont il est ici question. Si
l'on considere la nature de cet honneur , fertile
en caprices, toujours porté à une excessive
délicatesse, appréciant souvent les choses par
leur éclat, plutôt que par leur valeur intrinsé-
que, les hommes par des accessoires , par des

titres qui leur font étrangers, plutôt que par leurs qualités perfonnelles, on concevra faci- lement comment il a pu livrer au mépris, ceux qui tiennent à un fcélérat flétri par la Société.

Il pouvoit établir ce préjugé d'autant plus aifément, qu'il étoit encore favorifé par d'au- tres circonftances, relatives à la nature du Gou- vernement dont je parle. L'Etat monarchique exige néceffairement des prééminences, des dif- tinctions de rang ; fur-tout un corps de No- bleffe, regardé comme effentiel à fa conftitution, fuivant ce principe, que *Bacon* avoit développé avant *Montefquieu* : fans Nobles point de Mo- narque, fans Monarque point de Nobles. Dans ce Gouvernement, l'opinion publique attache néceffairement un prix infini à l'avantage de la naiffance ; mais cette habitude même de faire dépendre l'eftime que l'on accorde à un citoyen, de l'ancienneté de fon origine, de l'illuftration de fa famille, de la grandeur de fes alliances, a déjà des rapports affez fenfibles avec le préjugé dont il eft queftion. La même tournure d'efprit qui fait que l'on refpecte un homme parce qu'il eft né d'un pere noble, qu'on le dédaigne parce qu'il fort de parens obfcurs, conduit naturellement à le méprifer lorfqu'il a reçu le jour d'un homme flétri, ou qu'il l'a donné à un fcélérat.

Combien d'autres circonstances particulieres ont pu augmenter l'influence de ces causes générales dans les Monarchies modernes, & sur-tout en France!

Les anciennes Loix françoises ne punissoient les crimes des Nobles, que par la perte de leurs priviléges; les peines afflictives étoient réservées pour le roturier ou vilain; dans la suite le Clergé fut aussi affranchi par ses prérogatives de cette derniere espece de punitions.

Quel obstacle pouvoit trouver alors le préjugé qui déshonoroit les familles de ceux qui étoient condamnés au supplice? Il ne s'attachoit qu'à cette partie de la Nation, avilie pendant des siecles par la plus dure & la plus honteuse servitude.

S'il eût attaqué les deux corps qui dominoient dans l'Etat, s'il eût mis en danger l'honneur des seuls citoyens dont les droits parussent alors dignes d'être respectés, il est probable qu'il auroit été bientôt anéanti.

Nous avons d'autant plus de raison de le croire, qu'il n'a jamais pu étendre son empire jusqu'aux grandes Maisons du Royaume. Aujourd'hui que les Nobles ont été soumis aux punitions corporelles, la famille d'un illustre coupable échappe encore au déshonneur. Tandis que le gibet flétrit à jamais les parens du roturier;

le fer qui abat la tête d'un Grand n'imprime aucune tache à fa poftérité.

Mais par la raifon contraire, cette opinion cruelle s'eft établie fans peine dans des tems de barbarie, où elle frappoit à loifir fur un peuple efclave, fi méprifable aux yeux de ce Clergé puiffant, & de cette fuperbe Nobleffe qui l'opprimoient.

Je ne dirai plus qu'un mot fur ce fujet, pour obferver que ce même préjugé a pu être encore fortifié par une coutume bizarre, qui régna long-tems chez la plupart des Nations de l'Europe : je parle du combat judiciaire.

Lorfque cette abfurde inftitution décidoit de toutes les affaires civiles & criminelles, les parens de l'accufé étoient fouvent obligés de devenir eux-mêmes parties dans le procès d'où dépendoit fon fort. Lorfque fa foibleffe, fes infirmités, fon fexe fur-tout ne lui permettoient pas de prouver fon innocence l'épée à la main, ils embraffoient fa querelle & combattoient à fa place. Le procès devenoit donc en quelque forte pour eux une affaire perfonnelle, la condamnation de l'accufé étoit la fuite de leur défaite ; & dès-lors il étoit moins étonnant qu'ils en partageaffent la honte, chez des peuples qui ne connoiffoient d'autre mérite que les qualités guerrieres.

SECONDE

SECONDE PARTIE.

APRÈS avoir cherché l'origine du préjugé qui fait l'objet de nos réflexions, j'ai à discuter une seconde question plus importante encore : ce préjugé est-il plus nuisible qu'utile ?

J'avoue que je n'ai jamais pu concevoir comment les avis pouvoient être partagés sur un point que la raison & l'humanité décident si clairement. Aussi quand j'ai vu une Société savante aussi distinguée proposer cette question, je n'ai jamais cru que son intention fût d'offrir un problême à résoudre ; mais seulement une erreur funeste à combattre, un usage barbare à détruire , une des plaies de la Société à guérir.

D'abord, qu'une opinion , dont l'effet est de faire porter à l'innocence ce que la peine du crime a de plus accablant, soit injuste, c'est une vérité, ce me semble, qui n'a pas besoin de preuve ; mais ce point résolu, la question est décidée. Si elle est injuste , elle n'est donc pas utile ? De toutes les maximes de la morale, la plus profonde, la plus sublime peut-être , & en même tems la plus certaine, est celle qui dit : que rien n'est utile que ce qui est honnête.

B

Les loix de l'Etre fuprême n'ont pas befoin
autre fanction que des fuites naturelles qu'il
lui-même attachées à la fidélité qui les ref-
ecte, ou à l'audace qui les enfreint : la vertu
roduit le bonheur, comme le foleil produit
lumiere ; tandis que le malheur fort du crime,
omme l'infecte impur naît du fein de la cor-
ption.

Le jour eft arrivé où *Céfar* faifit enfin le
rix de fes travaux, de fes victoires & de
s forfaits ; il triomphe, il regne, il eft
lis fur le trône de l'univers. Céfar eft - il
eureux ? Non. Il échapperoit en vain au
r de fes ennemis qui vont l'immoler à la
berté ; la peine qui le pourfuit ne l'attein-
roit pas moins fûrement : il ne vivroit que
our apprendre tous les jours par de terribles
eçons, que ce qui n'eft point honnête ne fau-
oit être jufte.

Cette maxime vraie en morale, ne l'eft pas
noins en politique : les hommes ifolés & les
ommes réunis en corps de nations, font éga-
ement foumis à cette loi. La profpérité des
Etats repofe néceffairement fur la bafe immua-
le de l'ordre, de la juftice & de la fageffe:
oute loi injufte, toute inftitution cruelle, qui
ffenfe le droit naturel, contrarie ouvertement
eur but, qui eft la confervation des droits de

l'homme , le bonheur & la tranquillité des citoyens.

Si les Politiques paroiſſent avoir ſouvent méconnu ces principes , c'eſt qu'en général les Politiques ont beaucoup de mépris pour la morale ; c'eſt que la force , la témérité , l'ignorance & l'ambition , ont trop ſouvent gouverné la terre.

Au reſte , ſi j'avois eu à démontrer la vérité de la maxime que j'ai expoſée par un exemple frappant , j'aurois choiſi préciſément celui que me fournit le préjugé dont il eſt ici queſtion.

Mais ici j'entends des voix s'élever en ſa faveur ! je crois rencontrer dès le premier pas un Sophiſme accrédité , qui lui a donné un aſſez grand nombre de partiſans. Il eſt , dit - on , ſalutaire à la Société ; il prévient une infinité de crimes ; il force les parens à veiller ſur la conduite des parens ; il rend les familles garantes des membres qui les compoſent.

Des citoyens garans des crimes d'un autre citoyen ! Eh ! c'eſt préciſément ce monſtre de l'ordre ſocial que j'attaque. C'eſt par des loix ſages , c'eſt par le maintien des mœurs , plus puiſſantes que les loix , qu'il faut arrêter le crime ; & non par des uſages atroces , toujours plus funeſtes à la Société que les délits même qu'ils pourroient prévenir.

A la Chine on a imaginé un moyen frappant d'établir cette espece de garantie, dont on nous vante les avantages. Là, les loix condamnent à mort les peres dont les enfans ont commis un crime capital. Que n'adoptons-nous cette inftitution? Cette idée nous fait frémir..... & nous l'avons réalifée. Ne nous prévalons pas de la circonftance, que nous n'avons pas été jufqu'à ôter la vie aux parens du coupable : nous avons fait plus, même dans nos propres principes, puifque nous rougirions de mettre la vie en concurrence avec l'honneur.

Mais après tout, ce préjugé nous donne-t-il en effet ce foible dédommagement qu'on nous promet? Comment diminue-t-il le nombre des crimes? Eft-ce de la part de ceux qui font capables de les commettre? Je n'ai pas l'idée d'un homme affez fcélérat, pour fouler aux pieds les loix les plus facrées; & cependant affez fenfible, affez généreux, affez délicat, pour craindre d'imprimer à fa famille le déshonneur, qu'il ne redoute pas pour lui-même.

Le préjugé produira-t-il plus d'effet de la part des parens? Rendra-t-il le pere plus attentif à l'éducation de fes enfans? Quand fon efprit pourroit fe fixer fur les horribles images qu'il lui préfenteroit; quand la tendreffe paternelle, toujours fi prompte à fe flatter , pourroit penfer férieufement qu'elle careffe peut-être des monf-tres , capables de mériter un jour toute la févérité des loix, cet affreux mobile feroit au moins fuperflu ; car il n'eft pas un feul pere qui ne fe propofe quelque chofe de plus , que d'empêcher que fes enfans n'expirent un jour fur un échafaud.

Peut-être m'objectera-t-on que ce motif peut engager les parens à réclamer le fecours de l'autorité , contre des enfans pervers qui les menacent d'un déshonneur prochain.

Mais outre que la derniere claffe des citoyens n'a pas les reffources néceffaires pour fe pro-curer ce remede violent ; quand un pere fe détermine-t-il à en faire ufage ? Lorfque le mal eft devenu incurable ; lorfque la corruption de fon fils eft déjà parvenu à fon dernier période ; lorfque des écarts multipliés qu'il connoît fouvent le dernier, & qui ont déjà mérité l'animadverfion de la Juftice, le forcent à des démarches humi-liantes , qui laiffent toujours une tache fur l'objet de fa tendreffe.

Et fouvent à peine l'aura-t-il privé de la liberté dont il abufe , que féduit par l'efpoir d'un changement dont lui feul peut fe flatter , il obtiendra la révocation de l'ordre fatal qu'il aura follicité ; le coupable, dont les inclinations funestes auront été fortifiées encore par la compagnie des hommes vicieux, que la même punition aura rassemblés dans sa prison, ou par la solitude, non moins dangereuse pour les ames perverses que le commerce des méchans, rentrera dans le sein de la Société, où il rapportera de funestes dispositions à tous les crimes qui peuvent la troubler.

Voilà donc les avantages que nous procure ce préjugé ; c'étoit bien la peine d'être injustes & barbares.

Mais d'ailleurs pour avoir un prétexte de rendre le pere responsable à ce point des actions de ses enfans, il faudroit au moins lui laisser tous les moyens nécessaires pour les diriger.

Les *Chinois* sont en cela plus conséquens que nous : leurs loix leur donnent un pouvoir sans bornes sur leur famille, elles les punissent, dit-on, de n'en avoir pas usé. Mais nous, qui avons presqu'entiérement souftrait à l'autorité paternelle la personne & les biens des enfans, nous qui fixons à un âge si peu avancé le terme de leur indépendance, comment imputerions-nous aux peres tant de fautes qu'ils ne peuvent empêcher ? Ah ! si nous voulons exercer envers eux cette rigueur, rendons leur du moins toutes leurs prérogatives ; rétablissons ce tribunal domestique que les anciens peuples

regardoient avec raison comme la sauve garde
des mœurs.... ou plutôt cette institution nous
prouveroit bientôt que pour mettre un frein au
crime, il n'est pas nécessaire d'opprimer l'innocence & d'outrager l'humanité.

. Mais enfin quand nous pourrions pallier par
ce frivole prétexte notre injustice envers les
peres, comment la justifierons-nous à l'égard
des autres parens du coupable? Quelle autorité
le frere a-t-il pour corriger le frere ? Quelle
puissance le fils exerce-t-il sur son pere ? Et
la tendre, la timide, la vertueuse épouse, est-
elle coupable de n'avoir pas réprimé les excès
du maître auquel la loi l'a soumise ? De quel
droit portons-nous le désespoir dans son cœur
abattu ? De quel droit la forçons nous à cacher,
comme un douloureux témoignage de sa honte,
les pleurs mêmes que lui arrache l'excès de
son infortune ?

J'ai cherché vainement de quelle apparence
d'utilité, on pouvoit colorer l'injustice du préjugé que je combats ; mais je suis moins em-
barrassé à découvrir les maux innombrables
qu'il traîne après lui.

Pour bien les apprécier , il faudroit pouvoir
suspendre un moment l'impression de l'habitude
qui nous l'a rendu trop familier, & le considérer
en quelque sorte dans un point de vue plus
éloigné.   B iv

Je suppose donc qu'un habitant de quelque contrée lointaine, où nos usages sont inconnus, après avoir voyagé parmi nous, retourne vers se compatriotes & leur tienne ce discours :

« J'ai vu des pays où regne une coutume
» singuliere : toutes les fois qu'un criminel est
» condamné au supplice, il faut que plusieurs
» citoyens soient déshonorés. Ce n'est pas qu'on
» leur reproche aucune faute ; ils peuvent être
» justes , bienfaisans , généreux ; ils peuvent
» posséder mille talens & mille vertus ; mais
» ils n'en sont pas moins des gens infâmes ».

« Avec l'innocence, ils ont encore les droits
» les plus touchans à la commisération de leurs
» concitoyens. C'est, par exemple, une famille
» désolée, à qui l'on arrache son chef & son
» appui pour le traîner à l'échafaud : on juge
» qu'elle seroit trop heureuse si elle n'avoit
» que ce malheur à pleurer ; on la dévoue elle-
» même à un opprobre éternel ».

« Les infortunés ! avec toute la sensibilité
» d'une ame honnête, ils sont réduits à porter
» tout le poids de cette peine horrible, que
» le scélérat peut seul soutenir. Ils n'osent plus
» lever les yeux, de peur de lire le mépris sur
» le visage de tous ceux qui les environnent ;
» tous les états les dédaignent ; tous les corps
» les repoussent ; toutes les familles craignent

» de fe fouiller par leur alliance ; la Société
» entiere les abandonne & les laiffe dans une
» folitude affreufe ; la bienfaifance même qui
» les foulage , fe défend à peine du fentiment
» fuperbe & cruel qui les outrage ; l'amitié....
» j'oubliois que l'amitié ne peut plus exifter pour
» eux. Enfin leur fituation eft fi terrible,
» qu'elle fait pitié à ceux même qui en font
» les auteurs ; on les plaint du mépris que
» l'on fe fent pour eux, & on continue de les
» flétrir ; on plonge le couteau dans le cœur
» de ces victimes innocentes , mais ce n'eft
» pas fans être un peu ému de leurs cris ».

A cet étonnant mais fidele récit, que diroient
les peuples dont je parle ? Ne croiroient - ils
pas d'abord qu'un tel préjugé ne peut regner que
dans quelque contrée fauvage? On auroit beau
ajouter que les peuples qui l'ont adopté font
d'ailleurs juftes, humains, éclairés; qu'ils ont
des mœurs polies, des loix fages , des infti-
tutions fublimes, qu'ils favent mieux qu'aucun
autre connoître les principes du bonheur focial,
& refpecter les droits de l'humanité ; qu'ils ont
porté les Arts & les Sciences à un degré de
perfection inconnu au refte de l'univers. Ils ne
voudroient pas croire à ces inconcevables con-
tradictions; ignorant tous les avantages qui nous
dédommagent de ces reftes de l'ancienne bar-

barie, ils nous regarderoient peut-être comme
les plus malheureux des hommes ; ils s'applau-
diroient de ne pas vivre dans un pays, où
l'innocence n'eſt point en sûreté, où les citoyens
ſont ſans ceſſe expoſés au danger affreux de perdre le plus précieux de tous les biens, par des
événemens qui leur ſont étrangers.

Tel eſt le premier inconvénient attaché à cet
abſurde préjugé : il eſt fait pour nous effrayer.
Nous regardons tout ce qui porte atteinte à la
ſtabilité de nos propriétés comme un coup
funeſte, qui ébranle les fondemens du bonheur
public ; quelle idée nous formerons-nous donc
d'un préjugé, qui ſoumet aux caprices du
haſard l'honneur même, ſans lequel tous les
autres biens ſont ſans prix, & la vie n'eſt qu'un
ſupplice !

Nous répétons tous les jours cette maxime
équitable, qu'il vaut mieux épargner mille
coupables que de ſacrifier un ſeul innocent :
& nous ne puniſſons pas un coupable, ſans
perdre pluſieurs innocens !

La punition d'un ſcélérat, diſons-nous, n'eſt
qu'un exemple pour d'autres ſcélérats ; mais
le ſupplice d'un homme de bien eſt l'effroi de la
Société entiere; & tous les jours nous donnons à
la Société ce ſpeſtacle horrible, qui doit porter
la terreur dans l'ame de chacun de nous,

puisque rien ne nous garantit que nous n'en serons jamais les déplorables objets ; & qu'oppresseurs aujourd'hui, nous pouvons demain être opprimés à notre tour.

Et quel tort pense-t-on que cause à l'Etat la flétriffure imprimée à tant de citoyens ?

Les Légiflateurs éclairés se font toujours montrés avares du fang même le plus vil, lorsqu'ils ont pu le conferver à la Patrie ; ils n'ont pas voulu la priver des moindres avantages qu'elle pouvoit retirer de la punition des criminels, qu'ils n'ont pas cru devoir condamner à la mort. De-là les peines, qui attachent aux travaux publics les auteurs de certains délits. Nos Loix même ont adopté ces principes : & nos préjugés les bleffent ouvertement, en rendant inutiles à l'Etat tous les citoyens irréprochables qui tiennent à un coupable.

Si au lieu de leur imputer les fautes de leur parent, on leur faifoit un mérite de ne pas lui reffembler, la condamnation de ce dernier feroit pour eux un aiguillon puiffant, qui les forceroit à la faire oublier par leurs qualités perfonnelles; mais nos préjugés privent à jamais la Société des fervices qu'ils pouvoient lui rendre. En leur ôtant l'honneur, ils les anéantiffent, ils les frappent d'une efpece de mort civile, non moins funefte que celle que la loi donne aux coupables qu'elle condamne.

Plût au Ciel encore qu'ils ne fuſſent qu'inutiles, & qu'ils ne devinſſent jamais dangereux !

L'opprobre avilit les ames ; celui que l'on condamne au mépris eſt forcé de devenir mépriſable. De quel ſentiment noble, de quelle action généreuſe ſera capable celui qui ne peut plus prétendre à l'eſtime de ſes ſemblables ? Privé ſans retour des avantages attachés à la vertu, il faudra qu'il cherche un dédommagement dans les jouiſſances du vice.

Si la honte lui a laiſſé quelque reſſort, craignons-le encore davantage. Craignons ſon énergie même, qui va ſe tourner en haine & en déſeſpoir.... Je ne penſe pas ſans frémir aux mouvemens terribles qui doivent agiter une ame forte, dans cette inconcevable ſituation : je crois voir une de ces familles, que le préjugé a précipitées à ce dernier degré des miſeres humaines.

C'étoient des hommes pleins de talens & d'honneur : enflammés par une noble ambition, encouragés par l'eſtime publique, ils marchoient à grands pas vers la gloire & vers la fortune...... Tout a changé : un moment de délire a égaré quelqu'un de leurs proches, & les Loix l'ont puni. Accablés de ce coup horrible , ils font demeurés long-tems enfevelis dans un ftupide abattement. Enfin ils ont levé les yeux en tremblant vers leurs concitoyens ; leur foible voix n'a ofé fe faire entendre ; mais un regard où la crainte fe peignoit avec la douleur , a imploré pour eux la protection de ceux qui les environnoient..... mais le ter-rible préjugé leur a défendu d'écouter la pitié ; tous ont détourné les yeux , & les ont voué pour jamais à l'abandon , à la mifere , à l'in-famie...... Que faites-vous, citoyens infenfés ? Comment ofez - vous ravir à ces infortunés l'honneur & l'efpérance , fi vous ne pouvez leur arracher en même tems ce courage & cette ardente fenfibilité que leur donna la nature ? Que feront-ils déformais de ces ames fieres & actives dont ils portent tout le poids ? Vous ne voulez plus qu'ils les exercent pour la gloire , pour la vertu , pour la Patrie ; à quoi les emploieront-ils donc? Au crime & à la vengeance. Tous les biens qui peuvent flatter le cœur de l'homme & occuper fon activité, fe font tout-à-coup éclipfés pour eux ; l'ami-tié, l'amour, la bienfaifance, toutes ces affec-tions douces qui confolent & qui élevent l'ame leur font déformais interdites ; s'ils jettent les yeux autour d'eux, ils ne voient plus que des oppreffeurs ; s'ils rentrent au-dedans d'eux-

mêmes, ils n'y trouvent que le fentiment amer
de l'injuftice atroce dont ils font les victimes :
leur ame fans ceffe irritée par cet excès de
barbarie, ne peut plus enfanter que des idées
finiftres & des projets cruels..... Ah ! que dans
cet état affreux, un nouveau *Catilina* ne vienne
point les inviter à confpirer avec lui pour la
ruine d'une odieufe Patrie ! je crains bien qu'il
ne les trouve trop difpofés à furpaffer fes fureurs.
Dans une telle fituation, les mêmes qualités
qui devoient être une fource de grandes actions,
doivent néceffairement les conduire aux grands
crimes. Pour combler tant d'horreurs, il ne
manqueroit plus que de les voir un jour, ces
malheureux, expirer eux-mêmes fous le glaive
de la Juftice. O citoyens ! vous la verrez tôt ou
tard cette fanglante cataftrophe ; après avoir
puni en eux des crimes dont ils n'étoient point
coupables, vous punirez ceux auxquels vous
les aurez vous-mêmes forcés ; vous les con-
damnerez à mourir fur ce même échafaud,
encore teint du fang de ce parent coupable,
dont leurs vertus auroient pu furpaffer les forfaits. Que dis-je ; vous y volerez peut-être en
foule pour fatisfaire une curiofité barbare ; &
qu'y verrez-vous ? Un fpectacle fait pour vous
inftruire fans doute, le triomphe de votre
injuftice & de votre folie, l'exemple le plus

terrible des horreurs que traîne après lui le plus atroce de tous les préjugés.

Si nous confidérons toute l'étendue des maux dont je viens de parler, nous nous eftimerons heureux toutes les fois que les parens des coupables prendront le parti auquel ils ont affez fouvent recours , de fuir loin d'une injufte Patrie, pour aller cacher leur honte dans des contrées étrangeres ; & qu'ils ne feront point d'autre mal à l'Etat, que de porter aux Nations rivales leur induftrie, leurs talens, leurs fortunes , avec la haine de la Patrie qui les a perfécutés.

Plus j'avance, & plus je découvre de nouvelles raifons de détefter le préjugé que j'attaque. Je le vois par-tout élever un fignal de difcorde entre les citoyens : c'eft par lui qu'une barriere infurmontable s'éleve tout à coup, entre deux familles prêtes à s'unir par une étroite alliance ; c'eft par lui que le dédain, le mépris, le deüil, le défefpoir, fuccede à l'eftime, à l'amour, à la joie, à l'ivreffe du bonheur ; c'eft lui qui arrachant l'un à l'autre des amans, dont l'hymen alloit combler les vœux, ordonne à l'un de trahir fa foi, & condamne l'autre à l'impuiffance de remplir jamais un des devoirs les plus facrés du citoyen. C'eft ce même préjugé qui allume tant de querelles funeſtes. Ceux qu'il flétrit ſont ſans ceſſe expoſés à des affronts, qu'ils ne ſouffrent pas toujours patiemment. La cauſe de leurs malheurs eſt un des textes d'injures les plus familiers à la haine, à l'inſolence, à la brutalité, au faux honneur. De-là les diſcuſſions, les rixes & ſur-tout les duels. C'eſt ainſi que ce préjugé fournit un aliment inépuiſable à cette autre frénéſie, non moins funeſte ni moins barbare que lui, & avec laquelle il eſt ſans doute bien digne de s'allier.

Il produit encore un autre inconvénient, peut-être moins ſenſible, mais non moins réel.

J'ai vu des enfans pervers, s'appercevoir qu'ils tenoient entre leurs mains la deſtinée de leurs parens, ſe prévaloir de cet odieux avantage, pour leur arracher d'injuſtes complaiſances, les forcer à ſe relâcher d'une ſévérité néceſſaire, par la crainte de les pouſſer à des excès qui auroient déshonoré leurs familles ; & faire ainſi du préjugé dont je parle, l'inſtrument de leurs paſſions & la ſauve-garde de leur licence. Je ne doute pas que ces exemples ſoient beaucoup plus communs qu'on ne penſe ; ils ne demandent qu'un œil attentif pour être apperçus.

Mais il eſt, Meſſieurs, un point de vue plus

Important , & digne de fixer toute votre attention , fous lequel on peut confidérer le préjugé.

Dans toute Société bien conftituée , il eft des Tribunaux établis par les loix , pour juger les crimes fuivant des formes invariables , faites pour fervir de fauve-garde à l'innocence & de rempart à la liberté civile ; mais ces principes facrés , fur lefquels portent les premiers fondemens du bonheur public , le préjugé permet-il de les fuivre avec rigueur ?

Un de fes premiers effets eft de forcer les familles à folliciter fans ceffe des ordres fupérieurs contre les particuliers , dont les inclinations perverfes ou les paffions ardentes femblent leur annoncer un funefte avenir. C'eft en vain que l'intérêt général femble réclamer contre leurs démarches ; le vœu public invoque lui-même ce fecours , en faveur des citoyens honnêtes que menace cette opinion fatale. Car après tout nos mœurs en général ne font point cruelles ; le préjugé nous révolte en nous fub-juguant ; nous ne voyons pas fans épouvante les fuites affreufes qu'il traîne après lui ; l'intervention de l'autorité fe préfente à nous comme le feul moyen de les prévenir , & nous le faififfons avec empreffement.

Nous connoiffons les inconvéniens qu'il

C

entraine ; nous favons que les alarmes d'une famille, peuvent être pour des parens mal-intentionnés un prétexte aux vengeances domeftiques, un inftrument d'injuftice & d'oppreffion ; nous fentons que la jaloufie d'un frere ambitieux, la haine d'une marâtre cruelle, les intrigues d'une perfide époufe, peuvent faire quelquefois tout le crime du malheureux contre qui l'on confpire au pied du Trône : & nous ne pourrons - nous défendre d'un fentiment d'effroi, fi nous fongeons qu'alors ces citoyens en butte à des accufations clandeftines, ayant pour juges leurs adverfaires mêmes, font privés de tous les fecours que les formes ordinaires de la Juftice préfentent à l'innocence pour confondre la calomnie.

Mais ces inconvéniens & tant d'autres nous paroiffent encore préférables à tous les malheurs qui fuivent le plus odieux des préjugés. Contre un mal fi rédouté, il n'eft point de remede fi violent que nous ne puiffions employer fans effroi.

Cependant que faut-il penfer d'un fleau qui a pu nous familiarifer avec une pareille reffource, & qui feul perpétue encore parmi nous un ufage fi pernicieux en lui-même.

Oui, fans lui les *Lettres de cachet* feroient ignorées parmi nous, & nous verrions bientôt ce mot effacé de notre langue. La tranquillité publique & la puissance royale établies désormais sur des fondemens inébranlables, ne nous permettent pas même de prévoir aucun de ces événemens funestes, qui peuvent forcer le Gouvernement à employer ces ressorts extraordinaires & violens. L'auguste bonté de nos Souverains, qui se fait une loi d'en restreindre l'usage avec tant de sévérité, s'empresseroit de l'abolir entiérement ; mais aussi long-tems que nous conserverons l'habitude d'envelopper l'innocence dans la proscription du crime, il nous faudra des Lettres de cachet, & nous ne cesserons de les invoquer contre notre propre folie.

Que sera-ce lorsque les familles n'auront pu recourir à ces précautions funestes, & que le crime d'un particulier aura éveillé l'attention de la Police ? C'est alors que l'on verra tous ceux qui tiennent au coupable par quelque lien, se liguer pour l'arracher à la peine qui le menace. Tout ce que peut le crédit, la faveur, les richesses, l'amitié, la bienfaisance, le zele, le courage, le désespoir, toutes les passions humaines exaltées par le plus puissant de tous les intérêts, tout est prodigué pour imposer silence à la Loi ; à chaque délit qu'elle veut réprimer, elle voit se former contr'elle une nouvelle confpiration , plus ou moins redoutable , fuivant le degré de crédit & de confidération dont jouit la famille du criminel. Eh ! qui pourroit faire un crime à ces infortunés, de réunir toutes leurs forces pour échapper à un tel défaftre ? La commifération publique fe range elle - même de leur parti. Quels étranges contraftes ! l'intérêt de la Société demande la punition du coupable ; & la Société elle-même eft en quelque forte contrainte à faire des vœux pour fon falut. Une foule de citoyens irréprochables eft placée entre les Magiftrats & l'accufé ; pour frapper celui-ci , il faut qu'ils plongent dans le cœur des autres le glaive dont ils font armés pour punir le crime. Que je plains un Juge réduit à cette fituation cruelle, où il ne peut déployer la févérité de fon miniftere , fans immoler à la fois la vertu , l'innocence, les talens , la beauté ! La Loi, toujours inexorable, lui crie : Armez votre ame d'un triple airain ; frappez fans foibleffe & fans pitié. Mais l'humanité, la nature, l'équité même, lui demandent grace pour une famille que fa bienfaifance, fes mœurs , fes fervices , ont rendue refpectable & chere à toute la contrée qu'elle habite ; à leur voix touchante fe mêlent les gémiffemens de tout un peuple, qui partage l'horreur de fa fituation;

au deuil, à la conſternation qui glace tous les
cœurs, vous diriez que tous les citoyens ſont
la famille de l'accuſé ; le ſpectacle de la douleur publique redouble & juſtifie la ſenſibilité
des Magiſtrats. Ah ! ce n'eſt point contre le
vice qu'il faut ici ſe tenir en garde, c'eſt contre
leurs propres vertus qu'ils ont à ſe défendre...

Je veux croire cependant que dans des
combats ſi dangereux, l'inflexible ſévérité
triomphera toujours; je veux croire que tant
de penchans impérieux ne mettront jamais
le plus foible poids dans la balance de la
Juſtice; je veux croire qu'un Juge ne ſe laiſſera
jamais égarer par quelqu'une de ces illuſions,
qui ſéduiſent ſi facilement l'homme même le
plus vertueux ; mais enfin malheur au peuple
dont les préjugés ſemblent imprimer à la
ſageſſe même des loix, un caractere d'in-
juſtice & de férocité; & qui pour compter ſur
leur exécution, a beſoin que ſes Magiſtrats
ſoient toujours capables de s'élever à l'héroïſme
d'une vertu preſque barbare.

Mais c'eſt ſur-tout auprès du Souverain que
l'on fera les plus grands efforts, pour ſauver
les coupables : le pouvoir de faire grace réſide
en ſes mains. Il eſt vrai que le dépôt de la
félicité d'un peuple dont il eſt chargé, éleve
ſon ame au-deſſus des mouvemens d'une ſen-

fibilité vulgaire, & lui infpire une fainte réferve
dans la difpenfation de cette forte de bien-
faits. Mais ici tant de circonftances impérieufes
fe réuniront fouvent en faveur des familles !
tant d'objets touchans s'offriront à l'humanité
du Prince ! tant de raifons féduifantes feront
préfentées même à fa fageffe..... comment la
clémence pourroit - elle demeurer toujours
inexorable, quand la Juftice elle-même trem-
ble de punir ? On lui arrachera la grace du
coupable ; mais dans le moment même où
fon cœur combattu la laiffera échapper, il
fera forcé de gémir fur la bizarrerie d'un
peuple frivole, dont les préjugés font violence
à la jufte févérité des Loix, & ébranlent les
principes falutaires qui font la bafe de l'ordre
public.

TROISIEME PARTIE.

CE que je viens de dire, Meffieurs, me
paroît fuffifant, pour mettre tous les efprits à
portée de décider, fi le préjugé dont il eft
queftion eft plus nuifible qu'utile à la Société.

J'ai fait voir que fes prétendus avantages font
chimériques & nuls, fon injuftice extrême &
fes inconvéniens affreux.

C'eft dire affez, que nous devons réunir
toutes nos forces pour le détruire : mais la

maniere dont vous avez posé la question qui me reste à discuter, m'a paru mériter une attention particuliere.

Quels sont, demandez-vous, les moyens de détruire le préjugé, ou de parer aux inconvéniens qui en résultent, si l'on jugeoit qu'il fût nécessaire de le conserver en partie ?

Cet énoncé nous invitoit à examiner si le préjugé restreint dans certaines bornes, ne pouvoit pas produire quelques bons effets, & s'il ne seroit pas encore plus utile de le modérer que de l'anéantir entiérement. Cette marche convenoit sans doute à la sagesse d'une Compagnie savante, qui cherchant à éclaircir une question importante au bien public, se proposoit d'engager les Gens de Lettres à examiner un si grand sujet sous toutes les faces, & à le discuter avec toute l'exactitude & toute la profondeur qu'il demande.

Pour moi, l'idée que je me suis formée de l'abus dont je parle, ne me permet pas d'admettre ici aucun tempérament, & mes principes me conduisent directement à la destruction totale du préjugé.

Je sais qu'il est chez tous les hommes, comme je l'ai observé dans la premiere Partie de ce Discours, un sentiment équitable & naturel, qui fait dépendre jusqu'à un certain point la confidération attachée à une famille, du mérite ou des vices de chacun de fes membres. Cette maniere de penfer, commune à toutes les Nations, eft bonne, raifonnable, utile à la Société; mais encore un coup, ce n'eft point-là le préjugé dont il eft ici queftion. Ce difcours n'a pour objet que cette opinion meutriere, particuliere à certains peuples, qui couvrant d'un opprobre éternel les parens d'un coupable que les Loix ont puni, les rendent à jamais des objets de mépris & d'horreur pour le refte de la Société : voilà l'abus qu'il faut anéantir.

En le frappant, ne craignons pas de détruire en même tems cette opinon primitive & modérée, qui diftribue avec équité le blâme & la honte aux familles des coupables. Elle furvivra toujours à la ruine de notre préjugé : c'eft à elle que tous nos efforts nous rameneront naturellement, fans qu'il foit befoin de nous en occuper ; il ne feroit pas même en notre pouvoir de l'étouffer, elle tient à la nature même des chofes. Jamais dans aucune Société les grandes actions ou les crimes d'un particulier, ne feront abfolument indifférentes à la gloire de fa famille. Mais fi cette vaine terreur nous engageoit à ufer de ménagemens envers le préjugé, nous ne ferions contre lui que d'impuiſſantes tentatives ; ſi nous craignons de paſſer le but, nous le manquons. Les précautions que nous prendrions pour conſerver une partie du préjugé, ne feroient que l'affermir davantage.

Quoi ! lorſque nous avons beſoin de faire les plus grands efforts pour déraciner une opinion terrible, fortifiée par le tems, cimentée par l'habitude, entretenue par les cauſes les plus puiſſantes, la crainte d'obtenir un ſuccès trop complet eſt - elle donc le ſoin qui nous doive inquiéter ? Non, ne ſongeons point à modérer l'uſage de nos forces, quand nous ne ſaurions les déployer toutes avec trop de courage. Banniſſons tous ces vains ſcrupules, dégageons - nous de toutes ces entraves, & marchons d'un pas ferme à la ruine du préjugé.

Mais ici une réflexion m'arrête. Ne nous flattons-nous point d'une vaine eſpérance ? Eſt-il vraiment quelque moyen de guérir les hommes d'un mal ſi invétéré ? L'abus que nous attaquons n'eſt-il pas deſtiné à triompher éternellement de tous les efforts de la raiſon ? Ainſi parle le vulgaire ; mais l'homme qui penſe, rejette ce funeſte préſage.

Les préjugés invincibles ne ſont faits que pour les tems d'ignorance, où l'homme, courbé fous le joug de l'habitude, regarde toutes les coutumes anciennes comme facrées, parce qu'il n'a ni la faculté de les apprécier, ni même l'idée de les examiner ; mais dans un fiecle éclairé, où tout eft pefé, jugé, difcuté ; où la voix de la raifon & de l'humanité retentit avec tant de force ; où devenus plus fenfibles & plus délicats en raifon du progrès de nos connoiffances, nous nous appliquons fans ceffe à diminuer nos miferes & à augmenter nos jouiffances, un ufage atroce ne peut long-tems retarder fa ruine, s'il n'eft protégé par les paffions des hommes, ou par le crédit d'un trop grand nombre de citoyens intéreffés à le perpétuer. Or, le préjugé dont nous parlons n'eft utile à perfonne ; il eft redoutable à tous ; la Société entiere demande qu'il périffe.

Oui, Meffieurs, le feul progrès des lumieres fuffiroit peut-être pour amener tôt ou tard cette heureufe révolution ; mais nous ne devons pas employer avec moins de zele tous les moyens néceffaires pour l'accélérer. Ne vous femble-t-il pas voir toutes les familles, que le préjugé fatal peut frapper encore dans l'avenir, élever vers nous une voix touchante, pour nous inviter à précipiter, s'il eft poffible, l'époque de fa deftruction ? Heureux l'homme d'Etat qui pourra fe dire à lui-même : J'ai trouvé au milieu de ma Nation un monſtre, qui avoit déſolé tous les ſiecles précédens ; il menaçoit de ſes fureurs les générations futures, mais je l'ai anéanti avant qu'il ait pu parvenir juſqu'à elles. Heureux auſſi & non moins grand peut-être l'Homme de Lettres, qui ſauroit montrer à l'Homme d'Etat les traits dont il doit frapper ce monſtre, & obtenir la plus douce récompenſe qui puiſſe couronner les travaux du génie, l'avantage de contribuer au bonheur de ſes concitoyens.

La nature du préjugé dont il eſt queſtion, nous indique celle des moyens que nous devons employer contre lui.

Ce n'eſt point par des loix directes qu'il faut le combattre, ce n'eſt point par l'autorité qu'il faut l'attaquer ; l'autorité n'a point de priſe ſur l'opinion : loin de détruire celle qui nous occupe, elle ne feroit peut-être que la fortifier. Cette opinion a ſa ſource dans l'honneur, comme je l'ai prouvé ; & l'honneur loin de céder à la force, ſe fait un devoir de la braver. Eſſentiellement libre & indépendant, il n'obéit qu'à ſes propres loix, il ne connoît d'autre maître ni d'autre juge que lui-même.

Nous n'avons pas beſoin non plus de bouleverſer tout le ſyſtême de notre légiſlation, pour chercher le remede d'un mal particulier dans une révolution souvent dangereuse ; des moyens plus simples & en même tems plus sûrs vont bientôt s'offrir à nous.

Tout ce que l'on pourroit désirer , c'est qu'on s'efforçât de mieux éclairer l'opinion publique sur l'esprit de quelques-unes de nos institutions , que nous nous obstinons à regarder comme favorables au préjugé : telle est sur-tout l'opinion attachée à la confiscation. Quel en est donc l'objet ? Est-ce le coupable qu'on veut punir ? Non , la confiscation n'est pas la peine destinée à expier le crime , elle n'en est que la conséquence ; & d'ailleurs quand le Fisc s'empare des biens d'un criminel , ils ont pour l'ordinaire cessé de lui appartenir , parce que la juste sévérité des Loix lui a ôté la vie ; c'est donc sur sa famille que tombe cette peine ; c'est à ses héritiers qu'elle enleve le patrimoine , que l'ordre naturel des successions leur déféroit ; & tandis qu'ils auroient besoin de toute la considération que le vulgaire attache à l'opulence , pour se défendre contre le mépris public qui les environne , nous ajoutons encore à leur avilissement par la misere........ la misere & l'infamie ! Ah ! c'est trop de maux à la fois : craignons-nous donc qu'il ne reste à ces malheureux quelques moyens d'échapper au désespoir & au crime où tout semble les entraîner ! La raison, l'intérêt public, la douceur de nos mœurs, tout nous invite donc à proscrire cet usage, que l'on peut regarder comme le plus puissant protecteur du préjugé.

Mais il en est encore un autre, qui doit avoir sur le préjugé que nous combattons une influence très-réelle, quoique plus éloignée, c'est la honte attachée à la bâtardise.

, Je voudrois que l'opinion publique n'imprimât plus aucune tache aux bâtards ; qu'on ne parût point punir en eux les désordres de leurs peres, en les excluant des bénéfices ecclésiastiques. Pourquoi se persuader que les vices de ceux qui leur ont donné le jour, leur ont été transmis avec leur sang ? Je ne proposerois pas cependant de leur accorder les droits de famille, & de les appeller avec les enfans légitimes à la succession de leurs parens : non, pour l'intérêt des mœurs, pour la dignité du lien conjugal, ne souffrons pas que les fruits d'une union illicite, viennent partager avec les enfans de la loi les honneurs & le patrimoine des familles, auxquelles ils sont étrangers à ses yeux ; laissons aux cœurs des citoyens qu'égare l'ivresse des passions, la douleur salutaire de ne pouvoir prodiguer librement toutes les preuves de leur tendresse aux gages d'un amour que la vertu n'approuve pas ; ne leur permettons pas de goûter toutes les douceurs attachées au titre de pere , s'ils n'ont plié leur tête fous le joug facré du mariage. La feule chofe où l'on cherche en vain les principes de la juftice & de la raifon, la feule qui favorife le principe du préjugé dont il eft queftion, c'eft cette efpece de flétriffure que nous femblons attacher à la perfonne des bâtards, en les déclarant incapables de poffé-des des bénéfices. Cet ufage inconnu aux premiers âges de l'Eglife, né dans le onzieme fiecle, c'eft-à-dire au milieu des plus épaiffes ténebres de l'ignorance, ne va pas même au but qu'il femble fe propofer, puifque l'indignité qu'on fuppofe dans les bâtards , eft toujours levée par des difpenfes , qui ne fe refufent jamais , & qui ne font que de pure formalité. Si le bien public & l'intérét de l'Eglife exigent qu'ils foient exclus des bénéfices , ces difpenfes font injuftes & nulles ; dans le cas contraire, elles font abfurdes & inutiles, ou plutôt elles fervent à faire penfer que l'on peut raifonnablement imputer aux hommes des fautes, commifes dans un tems où ils n'étoient point encore ; c'eft cet abus trop analogue à notre préjugé qu'il faut profcrire, auffi bien que tous ceux de nos autres ufages , qui peuvent retracer les mêmes idées & le même esprit.

Mais il est tems de porter un plus grand coup au préjugé, en réformant une autre institution plus déraisonnable encore.

Quel étrange spectacle se présente ici à mes yeux ! deux citoyens ont offensé la Loi : l'un pressé par le besoin autant que par la cupidité, a osé porter des mains avides sur les trésors de son voisin opulent ; l'autre a trahi l'Etat, en livrant aux ennemis la florissante armée qu'il devoit conduire à la victoire : la Loi s'apprête à punir ces deux coupables ; on déploie pour le premier l'appareil d'un supplice aussi cruel qu'ignomineux ; mais l'autre, on le regarde encore d'un œil de faveur & de prédilection, l'indulgence éclate jusque dans les coups qu'on lui porte ; on a réservé pour lui une espece de punition particuliere ; on attache à l'instrument même de son supplice une idée de grandeur & de prééminence, qui le distingue encore en ce moment de la foule des citoyens, & semble imposer au mépris public qui devoit l'écraser. Le premier transmettra sa honte au dernier rejetton de sa race malheureuse ; mais la honte n'oseroit approcher de la famille du second ; & ses glorieux descendans citeront un jour avec orgueil la cataftrophe même qui termina fa vie, comme un titre éclatant de leur nobleffe & de leur illuftration.

Quel eft donc le motif d'une telle partialité! le Noble & le Roturier, condamnés à fervir de victime à la vindicte publique, font deux coupables, tous deux déchus du rang qu'ils occupoient dans l'Etat, tous deux dépouillés de la qualité de citoyen; une feule différence refte entr'eux, c'eft que le premier eft plus criminel, parce qu'il avoit violé des Loix qui avoient accumulé fur fa tête toutes les diftinc- tions & tous les avantages de la Société. Pourquoi donc le traiter avec tant d'honneur au fein même de l'infamie? O toi, qui vas expier à la face du public les attentats dont tu t'es fouillé, viens-tu donc jufques fur l'écha- faud humilier, par le fafte d'une orgueilleufe prérogative, les citoyens vertueux auxquels les loix vont t'immoler! viens-tu leur dire: je fuis fi grand & vous êtes fi viles, que mes crimes mêmes font plus nobles que ceux des gens de votre efpece, & que ni mes forfaits, ni mon fupplice, ne peuvent encore m'abaiffer jufqu'à vous?

Vous venez de voir, Meffieurs, dans cet ufage une injuftice, une atteinte portée à la vigueur des Loix, une infulte à l'humanité;

mais

mais ce qui me touche ici particuliérement, c'est l'appui qu'il prête au préjugé qui nous occupe.

Cette différence de peines qui femble dire aux Roturiers, qu'ils ne font pas dignes de mourir de la même maniere que les Nobles, ajoute néceffairement à celle des premiers un nouveau caractere d'ignominie ; tandis que les punitions des grands paroiffent en quelque forte honorables, parce qu'elles font réfervées pour les grands, celles du peuple deviennent plus avilissantes, parce qu'elles ne font faites que pour le peuple. C'est ainfi que le déshonneur s'est attaché aux familles plébéïennes, parce que les inftrumens deftinés au fupplice de leurs membres, étoient en même tems les triftes monumens de leur humiliation, & du mépris que la Loi même fembloit témoigner pour elles. Et voilà peut-être le reffort le plus puiffant du préjugé ; car ce n'est ni la raifon, ni la vérité, mais l'éclat des diftinctions extérieures qui détermine l'eftime de la multitude. Voyez comme par-tout elle confidere la vertu moins que les talens, les talens moins que la grandeur & l'opulence ; voyez comme le peuple fe méprife toujours lui-même, à proportion du mépris qu'on a pour lui : c'est par ce principe que le préjugé trouve dans l'ufage dont je viens de parler, de puiffantes reffources pour opprimer cette partie de la Nation, qui refte en butte à fes injuftices, & pour faire retomber fur elle tout le déshonneur dont l'autre s'affranchit.

Que devons-nous faire pour remédier à de tels inconvéniens? Si j'entreprends de l'indiquer, ce n'eft pas que je veuille porter une main profane fur l'édifice facré de nos Loix; je fais qu'il n'appartient qu'aux Chefs de la légiflation, de pefer dans leur fageffe les avantages ou les inconvéniens des Loix; & que le miniftere de l'Ecrivain philofophe fe borne à diriger l'opinion publique. C'eft donc à elle feule que je m'adreffe, quand je défire de voir étendu à toutes les claffes de la Société, le genre de peines jufque ici réfervé pour les grands. Je préfere ce parti à celui d'étendre aux grands les châtimens affectés aux autres citoyens, non - feulement parce qu'il eft plus doux, plus humain & plus équitable, mais auffi parce qu'il nous fourniroit encore un moyen plus directe d'affoiblir le préjugé.

Tout ce que nous venons de dire, fait voir que la honte de ce préjugé n'eft pas feulement attachée au fupplice, mais à la forme même du fupplice; & comme l'imagination des peuples eft accoutumée de prêter à celle que je propose de rendre générale une sorte d'éclat, & d'en séparer l'idée du déshonneur des familles, la transporter à la bourgeoisie me paroît être un moyen naturel de donner le change au préjugé, & de tourner contre lui les choses mêmes qui ont favorisé ses progrès. Le mal dont nous parlons étant l'ouvrage du caprice & de l'imagination, ce seroit peut-être un grand art que de lui opposer un remede puisé dans ces mêmes principes ; car ce n'est pas toujours sur la gravité des mesures que l'on prend pour déraciner un abus, qu'il faut fonder le succès d'une pareille entreprise, mais sur leurs rapports avec la disposition des esprits qui l'a fait naître & qui le perpétue.

Tous les moyens que je viens d'indiquer, ne peuvent manquer, ce me semble, d'affoiblir au moins le préjugé ; mais il en est un puissant, irrésistible, qui suffiroit seul pour l'anéantir : & ce moyen quel est-il ? Interrogeons là-dessus tout homme de bon sens & il nous l'indiquera, tant il est simple, naturel & infaillible. Qui ne connoît pas cet ascendant invincible attaché à l'exemple des Souverains ? O Rois ! je vais parler de la plus précieuse de vos prérogatives, & de la plus noble partie de votre puissance. Ce n'est pas lorsqu'elle force un peuple entier à plier sous vos loix qu'elle me frappe davantage : le pouvoir des loix eft bornée ; elles peuvent bien commander quelques actions extérieures ; mais fous leur empire même, nos efprits, nos penfées, nos paffions reftent libres, & ce font elles qui forment nos mœurs, dont la puiffance balance & renverfe quelquefois celle des Loix mêmes. Mais cette partie de notre indépendance qui échappe à votre autorité, vous la refaififfez par la force de vos exemples.

Par-tout la fplendeur des titres & des dignités attire le refpect & l'admiration des hommes ; de-là ce penchant impérieux qui les porte à copier les manieres & les idées de ceux que leur rang éleve au-deffus du vulgaire. Confiderez fur-tout le caractere des peuples foumis au gouvernement monarchique, ne femble-t-il pas que cet efprit d'imitation foit le reffort univerfel qui les fait mouvoir ? Voyez comme les Provinces imitent la Ville, comme la Ville imite la Cour ; comme la maniere de vivre des grands devient la regle des peuples, fixe ce qu'on appelle le bon ton, efpece de mérite auquel chacun prétend, & qui eft en quelque forte la mefure de la confidération qu'il obtient dans le commerce du monde. Que dis-je ? telle eft l'influence de leur conduite, qu'elle efface fouvent aux yeux du vulgaire les principes les plus facrés , & forme prefque fon unique morale. N'eft-il pas des vertus viles & bour-geoifes, parce qu'ils les abandonnent au peu-ple , des ridicules qu'ils mettent en vogue , des vices qu'ils ennobliffent en les adoptant ? Ils pourroient ramener un peuple entier à la vertu, fi la vertu d'un peuple n'étoit point une chimere dans les vaftes Empires où le luxe irrite fans ceffe toutes les paffions.

Si tel eft le pouvoir de l'exemple des grands, que fera-ce de celui des Souverains ? Suppo-fons qu'il y ait dans le monde un peuple à la fois fenfible, généreux & frivole, que la mode entraîne, que l'éclat & la grandeur paf-fionnent, qu'un penchant naturel à aimer fes maîtres, encore plus que la vanité, difpofe à recevoir toutes les impreffions qu'ils voudront lui donner , quelles reffources n'auront-ils pas pour diriger fes mœurs, fes idées , fes opinions ?

Oui , pour triompher du préjugé barbare que je combats , la raifon & l'humanité n'at-tendent plus que leur fecours ; & j'ofe croire qu'il nous en coûtera peu pour le leur facri-fier. En effet, quand j'examine plus attenti-vement cette opinion bizarre, je ne vois pas à quoi elle tient déformais parmi nous : du moins me paroît-il certain qu'elle ne porte

D

point fur un mépris réel de ceux qui en font les victimes. Quiconque eft capable de quelque réflexion, en fent aifément toute l'abfurdité ; il trouve en lui affez de philofophie pour s'en détacher, mais il craint le blâme d'autrui s'il ofoit la braver ouvertement ; on eft enchaîné par les préjugés que l'on fuppofe dans les autres plutôt que par les fiens ; il s'agit donc moins de changer nos principes, que de nous autorifer à les obferver par des exemples im- pofans : que le Souverain nous les donne, & nous nous emprefferons de les fuivre.

Il eft peu néceffaire fans doute d'entrer dans le détail des moyens que fa bienfaifance pour- roit choifir, pour exécuter un projet fi digne d'elle ; ils fe préfentent d'eux - mêmes à tout efprit jufte.

Par exemple, il ne fouffriroit pas qu'on fermât déformais aux parents d'un coupable la route des honneurs & de la fortune ; il ne dédaigneroit pas lui-même de les décorer des marques de fa faveur, lorfqu'ils en feroient dignes par leurs qualités perfonnelles. Il eft peu de familles qui ne puiffent fe glorifier d'un homme de mérite ; fouvent celle où les Loix auront trouvé un coupable, offrira plufieurs citoyens diftingués par des talens & par des vertus ; la fageffe du Souverain ne laiffera point échapper une si belle occasion ; d'annoncer au public par des exemples éclatans, combien il dédaigne ce vil préjugé qui ose outrager l'innocence, & de le flétrir pour ainsi dire de son mépris à la face de toute la Nation.

Un jeune homme qui tenoit à une famille honnête, vient de périr sur l'échafaud; tous les esprits sont encore pleins de l'impression de terreur qu'a produite l'image de son supplice; on plaint une famille entiere digne d'un meilleur sort; on plaint sur-tout un pere vénérable par ses mœurs, & par des services rendus à la Patrie. Stérile pitié qui ne sauveroit pas de l'infamie !.... mais tout à coup une étonnante nouvelle s'est répandue....... Ce citoyen a reçu de la part du Roi une lettre honorable; le Monarque daigne l'assurer qu'une faute étrangere n'efface point à ses yeux les vertus & les services de ses fideles sujets, il le nomme à un poste considérable dans sa Province, il ajoute à ce bienfait la marque brillante d'une distinction flatteuse.... Croit-on que cet homme-là seroit vil aux yeux de ses compatriotes ? Cependant des faits semblables se renouvellent : la renommée les publie par-tout, avec des circonstances propres à frapper l'imagination des peuples, & à

leur montrer fous les traits les plus touchans
la fageffe & la bonté du Roi. Il n'eft pas
néceffaire d'ajouter que fes intentions, mani-
feftées par fes actions & par fes difcours,
font devenues pour fes Courtifans une loi ;
que les grands, que les hommes en place,
feconderont de tout leur pouvoir l'exécution
de fes vues bienfaifantes. Voilà donc les dif-
penfateurs des graces, les modeles du goût
& des mœurs publiques, les arbitres du bon
ton, les légiflateurs de la fociété, ligués contre une opinion qui a fa fource dans le faux
honneur ; la vanité même fe joint à la juftice
& à la raifon pour la repouffer. Nous la ver-
rons donc bientôt reléguée dans la claffe de
ces préjugés groffiers, qui ne font faits que
pour le peuple, & que les honnêtes gens rou-
giroient d'adopter.

Applaudiffons-nous, Meffieurs, de voir fon
fort dépendre d'un pareil événement ; non,
ce ne fera point en vain que vous aurez conçu
le noble efpoir d'en affranchir l'humanité. Cette
idée intéreffante, fur laquelle vous avez fu
fixer l'attention du public, parviendra tôt ou
tard jufqu'au Trône ; elle ne fera pas vainement préfentée au jeune & fage Monarque
qui le remplit : nous en avons pour garant
cette fainte paffion du bonheur des peuples,

qui forme fon augufte caractere. Celui qui
banniffant de notre Code criminel l'ufage
barbare de la queftion, voulut épargner aux
accufés des cruautés inutiles qui déshonoroient
la juftice, eft digne d'arracher l'innocence à
l'infamie qui ne doit pourfuivre que le crime.
Dompter ce préjugé terrible, feroit du moins
un nouveau genre de triomphe, dont il don-
neroit le premier exemple aux Souverains,
& dont la gloire ne feroit point effacée par
l'éclat des grands événemens qui ont illuftré
fon regne.

Enfin cette reffource fi puiffante n'eft pas
la derniere qui nous refte; j'en vois une autre
qui paroît faite pour la feconder, & qui feule
produiroit encore les plus grands effets : &
cette reffource, Meffieurs, c'eft vous-mêmes
qui nous l'avez préfentée.

En invitant les Gens de Lettres à frapper
fur l'opinion funefte dont nous parlons, vous
avez donné au public un gage certain de fa
ruine, la raifon & l'éloquence : voilà des armes
que l'on peut déformais employer avec con-
fiance contre les préjugés. Oui, plus je réflé-
chis, & plus je fuis porté à croire que celui
dont il eft queftion, ne conferve encore aujour-
d'hui des reftes de fon ancien empire, que
parce qu'il n'a point encore été approfondi,

parce que l'efprit philofophique ne s'eft point encore porté particuliérement fur cet objet. On croit peut-être affez généralement qu'il eft injufte & pernicieux ; mais le croire ce n'eft point le fentir : pour imprimer aux efprits ce fentiment profond, pour leur donner ces fortes fecouffes, néceffaires pour les arracher à un préjugé qui s'appuie encore fur la force d'une ancienne habitude, il faudroit ramener fouvent leur attention fur le tableau des injufti- ces & des malheurs qu'il entraîne.

C'eft à vous de rendre ce fervice à l'huma- nité, illuftres Ecrivains, à qui des talens fupé- rieurs impofent le noble devoir d'éclairer vos femblables ; c'eft à vous qu'il eft donné de commander à l'opinion ; & quand votre pou- voir fut - il plus étendu que dans ce fiecle avide des jouiffances de l'efprit, où vos Ouvra- ges devenus l'occupation & les délices d'une foule innombrable de citoyens, vous donnent une fi prodieufe influence fur les mœurs & fur les idées des peuples ? Combien de cou- tumes barbares, combien de préjugés auffi funeftes que refpectés n'avez-vous pas détruits, malgré les profondes racines qui fembloient devoir ôter l'efpoir de les ébranler ? Hélas ! le génie fait faire triompher l'erreur même, lorfqu'il s'abaiffe à la protéger ; que ne pour-

rez-vous donc pas quand vous montrerez la
vérité aux hommes, non pas la vérité auftere
gourmandant les paffions, impofant des devoirs,
demandant des facrifices; mais la vérité douce,
touchante, réclamant les droits les plus chers
de l'humanité, fecondant le vœu de toutes
les ames fenfibles, & trouvant tous les cœurs
difpofés à la recevoir? Quelle réfiftance éprou-
verez-vous, quand vous attaquerez avec toutes
les forces de la raifon & du génie un préjugé
odieux, déjà beaucoup affoibli par le progrès
des lumieres, & dont on s'étonnera d'avoir
été l'efclave, dès que vous l'aurez peint avec
les couleurs qui lui conviennent?

Graces immortelles foient donc rendues à
la Compagnie favante, qui la premiere a
donné l'exemple de tourner vers cet objet
l'émulation des Gens de Lettres. Cette idée,
auffi belle qu'elle eft neuve, lui affure à
jamais des droits à la reconnoiffance de la
Société. J'ai tâché, Meffieurs, autant qu'il
étoit en moi, de feconder votre zele pour
le bien de l'humanité : puiffe un grand nombre de ceux qui ont couru avec moi la même
carriere, avoir attaqué avec des armes plus
victorieufes, l'abus funefte contre lequel nous
nous fommes ligués ! Si je n'obtiens pas la

couronne à laquelle j'ai ofé afpirer, je trou-
verai du moins au fond de mon cœur un prix
plus flatteur encore, qu'aucun rival ne fauroit m'enlever.

F I N.

www.ingramcontent.com/pod-product-compliance
Lightning Source LLC
Chambersburg PA
CBHW050534210326
41520CB00012B/2567